¿POR QUÉ LOS PERROS MUEVEN LA COLA?

Y OTRAS PREGUNTAS RARAS QUE HAGO A VECES

¿POR QUÉ LOS PERROS MUEVEN LA COLA?

Y OTRAS PREGUNTAS RARAS QUE HAGO A VECES

GABRIEL LEÓN

ILUSTRADO POR BALBONTA

B DE BLOK

Penguin
Random House
Grupo Editorial

¿Por qué los perros mueven la cola?

Primera edición en Chile: noviembre de 2019
Primera edición en México: abril de 2021

D. R. © 2019, Gabriel León

D. R. © 2019, Penguin Random House Grupo Editorial, S. A.
Merced 280, piso 6, Santiago de Chile

D. R. © 2021, derechos de edición mundiales en lengua castellana:
Penguin Random House Grupo Editorial, S. A. de C. V.
Blvd. Miguel de Cervantes Saavedra núm. 301, 1er piso,
colonia Granada, alcaldía Miguel Hidalgo, C. P. 11520,
Ciudad de México

penguinlibros.com

Ilustraciones: Paula Balbontín
Diseño de portada: Julio Valdés
Composición: Alexei Alikin

ISBN: 978-607-319-506-5

Impreso en México – *Printed in Mexico*

Dedicado a todos los adultos que tienen
preguntas de niño en sus cabezas...
y a todos los niños que les recuerdan esas
preguntas de vez en cuando

ÍNDICE

PRÓLOGO

Cuando publicamos *¿Qué son los mocos? Y otras preguntas raras que hago a veces* nunca pensé que tendría el éxito que ha tenido. Por eso, quiero comenzar agradeciendo a todos los pequeños lectores que siguieron las historias de Pachi, su papá y el perro Lukas. Su interés en ese libro me ha llevado a escribir nuevas aventuras e intentar seguir buscando la respuesta para tantas preguntas sorprendentes.

La curiosidad es la mejor forma de llegar a la ciencia; y la ciencia, una gran herramienta para entender mejor la naturaleza y lo que hay en ella, teniendo en cuenta que es imposible comprender y conocerlo todo. Hay cosas que sabemos con certeza, por ejemplo, dónde y cuándo se producirán los próximos cincuenta eclipses totales de sol, pero de seguro ustedes se han hecho otras miles de preguntas para las que no encuentran respuesta. No se preocupen: en algún lugar del mundo hay una científica o científico que se habrá preguntado lo mismo y que está trabajando al servicio de nuestra curiosidad para contestarla.

Lo que más me ha maravillado en esta etapa es ver cómo muchos niños y niñas —y también algunos adultos— me han hecho llegar esas preguntas que les quitan el sueño. Quizá encuentres la respuesta en esta segunda entrega, pero si no es así (y como tal vez siga escribiendo sobre Pachi, su papá y el perro Lukas 1313), pueden mandármelas a la dirección de correo electrónico **otraspreguntasraras@gmail.com** o bien a través de Twitter o Instagram (**@GaboTuitero**).

¡Que disfruten de esta nueva aventura!

GABRIEL LEÓN

MÁS FELIZ QUE PERRO
CON DOS COLAS

Estaba en mi pieza leyendo un libro súper entretenido cuando llegó la hora de pasear a mi perro. ¡Arrgh!, no quería dejar de leer, pero su paseo es sagrado, así que puse el libro en la cama, solté un grito de karateka y me paré de un salto. El Lukas —que se había echado en la alfombra a tomar sol— también se levantó de un salto, paró las orejas, ladró una vez y se me quedó mirando con la cabeza inclinada hacia un lado. Él sabe reconocer palabras como «premio», «comida», «bajar», «llegamos», «ya» y sobre todo «vamos».

—¿Vamos, Lukas? —le pregunté, mirándolo atenta, y él respondió con varios ladridos y moviendo la cola rápido.

Mi papá dio tres golpecitos en mi puerta y se asomó con la correa del Lukas en la mano.

—¡¿Y este desorden, Pachi?! —fue lo primero que dijo. Es cierto que era hora de empezar la operación «aseo profundo de pieza», pero no había tenido tiempo, así que me hice la loca y le contesté con otra pregunta.

—¿Por qué el Lukas mueve así la cola, papá? ¡Parece un helicóptero que va a despegar!

—En general, los perros mueven la cola como una manifestación de diferentes estados de ánimo. En este caso, la mueve así porque sabe que vamos a ir a la plaza y está feliz.

—Y cuando tienen pena, ¿qué hacen?

—Mmhh, eso no lo sé. Pero sí sé que cuando bajan la cola y la esconden entre las piernas es porque tienen susto, y que si la levantan como antena, puede indicar que están enojados o en estado de alerta.

—¿Y entre perros distinguen esos estados? —pregunté, amarrando la correa al arnés de mi cachorro.

—Parece que sí. Un experimento que hicieron científicos italianos mostraba que los caninos movían la cola hacia la derecha si se sentían tranquilos y a la izquierda si estaban nerviosos.

—¡Espera! ¿O sea que los perros conocen la diferencia entre izquierda y derecha?

—Mmhhh, no sé si lo distinguen. Lo que sí te puedo asegurar es que la parte izquierda del cerebro controla la parte derecha del cuerpo, y justo la parte del cerebro que procesa las emociones positivas está al lado izquierdo del cerebro en los perros.

—O sea que cuando los perros sienten cosas lindas mueven la cola hacia el lado derecho.

—Exactamente.

—Y si son cosas feas, mueven la cola al lado izquierdo.

—Así es, mi querida Pachi.

—Y sus colegas perrunos los entienden. Tal como yo entiendo cuando tú estás contento o triste por tu cara o tu forma de hablar.

—Parece que sí. Los mismos científicos italianos del experimento anterior mostraron que los perros se ponen nerviosos cuando ven a otro perro mover la cola hacia la izquierda.

—Espera, ¿y cómo esos científicos podían saber que los perros estaban nerviosos?

—Porque les habían puesto diferentes sensores en el cuerpo y, entre otras cosas, notaron que les palpitaba más rápido el corazón.

Salimos de la casa y nos pusimos a caminar lento hacia la plaza. El Lukas iba feliz oliendo el pasto y marcando territorio, sin enterarse de que hablábamos de él. Antes de llegar al semáforo, puse mi mejor cara de duda y levanté una ceja tan alto que casi se me sale de la cara. Quería seguir entrevistando a mi papá porque este tema me interesaba mucho.

—¿Será verdad que el perro es el mejor amigo del hombre, papá?

—No sé si es el mejor, pero al menos sí fue el primero.

—¿Por qué dices eso?

—Porque el perro es el primer animal que los seres humanos domesticaron, hace unos treinta mil años.

—¿Qué quiere decir que sea un animal doméstico? He escuchado mil veces esa expresión en el colegio, pero la verdad es que no la entiendo.

—Me encanta que me preguntes esas cosas, Pachi —dijo mi papá, sonriéndome—. Los animales domésticos son los que, por su cercanía con los seres humanos, han cambiado su apariencia y comportamiento hasta dar origen a una nueva especie, diferente de la original, que puede convivir con la humanidad en armonía y sin representar un peligro. Los perros, por ejemplo, nacieron producto de la domesticación del lobo gris europeo.

—Espera, ¿entonces no siempre hubo perros?

—Nones, existen desde hace treinta mil años.

—¿Y cómo puedes saber eso, si pasó hace tanto tiempo? Pensaba que no eras taaan viejo —dije, riéndome para adentro.

—Bueno. —Mi papá continuó hablando, sin siquiera celebrar mi broma ingeniosa—. Hay varias cosas que muestran que es así. ¿Sabías que se pueden hacer experimentos de domesticación para demostrar que es posible cambiar la apariencia de un animal?

—No. Y creo que preferiría quedarme con la duda antes que domesticar a un lobo, brrr.

—Hay un experimento en curso hecho con zorros. Comenzó en 1959, en Siberia, de la mano de un científico soviético llamado Dimitry Belyayev. Aún no termina.

—O sea que llevan... —Me puse turnia sacando la cuenta de los años que ha durado el experimento—. ¡Sesenta años!

—¡Correcto!, es uno de los experimentos más largos de la historia.

—¿Y cómo partió?

—Belyayev tomó un grupo de zorros y seleccionó a los menos agresivos. Esos zorros tuvieron crías y esos, a su vez, más crías. En cada generación dejaban a los más mansos en el estudio.

—¿Cómo sabían cuáles eran los más mansos?

—Lo sabían porque a los zorros silvestres no les gusta mucho estar cerca de los humanos y la mayoría se escondía o mordía a los científicos. Pero había otros que mostraban menos temor o agresividad cuando se les acercaban. Esos eran los que continuaban en el experimento. ¿Y sabes qué?, en un plazo de cinco años se observaba que los zorritos podían convivir tranquilamente con los investigadores.

—¿O sea que los domesticaron?

—Claro. De hecho, hubo uno de esos zorros que actuaba igual que el Lukas: movía la cola feliz cuando venían los científicos, lamía sus manos y salía de paseo.

—¡Qué tierno! ¿Sabes cómo se llamaba?

—Se llamaba Coca y respondía a su nombre.

—¿Y ese señor, Bela...

—Belyayev

—Eso. ¿Él sigue a cargo del experimento?

—No. Belyayev murió en 1985, pero una de las investigadoras que participó en el estudio original, llamada Lyudmila Trut, continúa su labor.

Nos tendimos en el pasto de la plaza y soltamos al Lukas para que jugara. Vimos que otro perro se le acercaba y los miré con atención por si se ponían a pelear o mi Lukitas se asustaba. Fue todo lo contrario. Se miraron, ladraron, movieron la cola, se olieron, y después se pusieron a correr juntos.

—Parece que van a ser amigos —comenté.

Después de un rato, mi papá miró su reloj y me cerró un ojo.

—Ya, es hora de comer. ¡¿Quieres comer, Lukas?! —gritó.

Lukas se olvidó completamente de su nuevo amigo y corrió hacia nosotros ladrando. Nos demoramos tres minutos en volver al edificio. Subió a toda velocidad las escaleras y nos esperó sobre el felpudo, jadeando y con su cola de hélice moviéndose a mil.

CAMINANDO COMO PÁJARO

Amo las vacaciones. Igual es entretenido ir al colegio, aprender cosas nuevas y jugar con mis compañeros, ¡pero las vacaciones son otra cosa! Me encanta levantarme más tarde, jugar todo el día, nadar en la piscina o ir de viaje.

Con mi papá y el Lukas fuimos a la playa. Salté olas como una loca, hice castillos de arena y de pronto me dio mucha hambre, así que corrí a las toallas donde mi papá estaba leyendo.

—Papá, ¿es idea mía o ya es hora de comer? —le pregunté.

—Muy buen cálculo —respondió—. Justo iba a empezar a guardar las cosas. ¿Vamos a la casa a ducharnos y almorzamos?

—Síií —grité.

Tomamos las toallas, baldes, sillas, quitasol y comenzamos a caminar rumbo a la cabaña que arrendamos para las vacaciones. Íbamos llegando cuando vi unos pájaros muy extraños y ruidosos.

—¿Qué pájaros son esos? —pregunté, poniendo mi cara expresiva.

—Se llaman queltehues.

—Qué extraños sus ojos, son como ¿rojos?

Los queltehues nos miraron y empezaron a hacer un ruido todavía más fuerte.

—¡Por qué se ponen así, papá, qué miedooo! —dije, y le tomé la mano.

—Lo más probable es que estemos cerca de su nido; estos pájaros hacen nidos en la tierra y no les gusta que uno se acerque mucho. Cuando eso pasa, hacen ese graznido que escuchas.

Dos queltehues se pusieron a caminar en dirección a nosotros. Fue ahí cuando noté algo demasiado particular.

—Papá, ¡estos pájaros tienen las rodillas al revés!

—¿Estás segura? —preguntó, mirándome con esa cara que pone cuando las cosas no son lo que parecen.

Me detuve a mirarlos bien, sin soltarle la mano. Era definitivo: esos pájaros ruidosos y de ojos rojos tenían, además, otra particularidad.

—Segurísima: los queltehues tienen las rodillas al revés —aseguré.

—¿Todos los queltehues?

—Mmhh, no sé si tooodos los queltehues, pero al menos estos dos sí.

—Te prepongo algo: mañana, cuando bajemos a la playa, vamos a llevar los binoculares para observar a otras aves, ¿te parece?

—¡Ya! Me encanta mirar con los binoculares.

—Así tendrás más material para hacer tu análisis de anatomía.

Al día siguiente bajamos a la playa cuando el sol estaba por esconderse y no hacía tanto calor. Llevábamos agua, sillas, una libreta, lápiz y los binoculares. Nos sentamos en una parte alta, detrás de un montón de arena, y notamos que había muchos tipos de pájaros en la playa. Estaban las típicas gaviotas y otras más pequeñas, todas en lo suyo, corriendo nerviosamente, volando o jugando con las olas, tal como me gusta hacer a mí.

Mi papá me pasó los binoculares y enfoqué a unos pájaros que estaban en la arena.

—Lo tengo, veo a un grupo de gaviotas —dije.

—¿Ves cómo caminan?

—Afirmativo. Parece que también tienen las rodillas al revés.

Me puse a mirar otras aves y, para mi sorpresa, resultó que todas tenían las rodillas al revés y caminaban de manera divertida. Ya tenía mi conclusión. Dejé los binoculares a un lado y, todavía asombrada por mi descubrimiento, pregunté:

—Papá, ¿por qué los pájaros tienen las rodillas al revés?

—¿Estás segura de eso? —contestó él, muy serio.

—Síp, hipermegasegura. He mirado mucho rato y anoté lo que vi: todos los pájaros que miré

tienen las rodillas al revés —confirmé, mostrándole mi libreta con los datos.

—Te voy a contar algo que no habías considerado —dijo, con cara de misterio—. Lo que tú estás viendo no son las rodillas.

—¡¿Qué?! —grité, poniendo mi mejor cara de incredulidad.

—Tal cual. Lo que tú crees que son las rodillas corresponden, en realidad, a lo que serían nuestros tobillos, que se doblan igual que en las aves. Las articulaciones que corresponden a las rodillas de las aves están más arriba, cubiertas por plumas, y se doblan exactamente igual que las tuyas, solo que no se ven.

Me tiré de guata en la arena para seguir observando y el Lukas se echó a mi lado. Me fijé que las aves tenían unas patas bien raras, pero no lograba ver las rodillas. Lo intenté hasta que el sol se escondió y se puso fresco.

Cuando volvimos a la cabaña, mi papá dijo que comeríamos viendo el computador.

—Busquemos imágenes de las patas de las aves y la comparación con las rodillas humanas —propuso.

Parece que bastante gente en el mundo se había preguntado lo mismo, porque había muuuchas fotos que hacían la comparación y mostraban cómo funcionaban las patas de las aves. Efectivamente, lo que yo pensaba que eran las rodillas son en realidad los tobillos.

—¿Eso quiere decir, entonces, que los pájaros caminan en la punta de los dedos? —pregunté, mirando muy concentrada las fotos y enrollando en el tenedor unos ricos tallarines con salsa.

—Así es. Las aves tienen una forma muy particular de caminar, y su anatomía de piernas es un poco diferente a la nuestra. Sin embargo, las rodillas de ellos se doblan exactamente igual que las tuyas —concluyó mi papá, y me fijé que tenía un poco de salsa en la pera.

—Me alegra haber aprendido esto, papá —le dije, pasándole una servilleta para que se limpiara—. Ahora me queda investigar por qué los queltehues tienen los ojos rojos.

—Cuando lo averigües, me lo explicas —contestó, y se paró a cerrar el ventanal del living, tal vez para evitar que esa noche se nos colara una visita plumífera.

PICADOS

Es verano y parece que todo se va a derretir. El pobre Lukas, que es tan peludo, toma agua a cada rato y busca siempre la sombra. Se podría pensar que de noche es más fresco, pero no: hace mucho calor y la única forma de dormir es arriba de la cama con la ventana abierta. Y en eso estaba yo —soñando que nadaba en una gran piscina— cuando me despertó un zumbido agudo.

—¡Papááá, hay un mosquito en mi pieza! —chillé.

Mi papá entró y prendió una luz. Tenía el pelo desordenado y un ojo a medio abrir, se veía divertido.

—¿Qué pasa, Pachi? —preguntó con voz ronca.

—Hay un mosquito dando vueltas, seguro quiere picarme.

—Una.

—¿Cómo «una»?

—Una mosquito. Las hembras son las que pican.

—A ver, ¿cómo es eso? —dije, acomodándome en la cama para escuchar una historia sobre ciencia en la hora del trasnoche.

Mi papá prendió la luz y se puso a buscar con la mirada al mosquito. O a la mosquita, que para mí es la forma de nombrar a una mosca chica.

—En general, los mosquitos viven muy poco tiempo y se alimentan de cosas como el néctar de algunas flores. Pero las hembras, que son las que ponen los huevos, requieren de una dieta más nutritiva. Y resulta que la sangre es muy nutritiva, por eso nos pican.

—Son unas vampiresas versión miniatura.

—Jeje, algo así.

—¿Y por qué la sangre es tan nutritiva para los mosquitos? Perdón, las mosquitos.

—Principalmente porque tiene proteínas. De hecho, si a las mosquitos solo se les da de comer néctar, no ponen huevos. Pero si les das néctar más una mezcla de proteínas, vuelven a poner huevos sin necesidad de picar a nadie.

—¿Y puede ser que a los mosquitos les gusten más algunas personas? —pregunté, levantándome de la cama para ayudar a mi papá en la búsqueda—. Me acuerdo que el año pasado me fui a quedar a la casa de mi amiga Amparo y esa noche los mosquitos la picaron a ella y no a mí, ¡ja!

—Es una muy buena pregunta —dijo mi papá, apuntándome con el dedo—. Hace varios años leí un estudio que mostraba que los mosquitos reconocen a las personas a partir del gas que botamos al respirar: dióxido de carbono.

—¿O sea que si no respiro los mosquitos no me van a encontrar?

—Mmhh, claro, pero no es una muy buena idea —dijo, y los dos nos reímos.

—Ya, pero ¿hay algo que haga que a algunas personas las piquen más?

—Se ha analizado por qué las personas atraen o repelen a las mosquitos. Un estudio en particular me llamó mucho la atención: decía que los gemelos idénticos tienen la tendencia de atraer o repeler mosquitos de manera muy similar, lo que sugiere que al menos en parte se trata de un rasgo que se hereda, como el color de pelo. También me acuerdo de otro estudio en que buscaron a personas que no fuesen atractivas para los mosquitos, recolectaron su sudor y lo usaron como repelente.

—¿Y funcionó?

—Sí, de hecho estaban pensando en desarrollar un repelente en base a eso.

—¡Guácala!, un repelente hecho del sudor de otra persona. Prefiero que me piquen las mosquitos —dije, y nos matamos de la risa.

A esa altura habíamos renunciado a seguir buscando a la mosquito, pero la conversación estaba muy entretenida.

—Ya, Pachi. Yo creo que no la vamos a encontrar. Es tarde y tengo sueño, trata de dormir.

—¡Última pregunta! —pedí, y se la lancé antes de que pudiera decirme que no—: ¿Por qué las picaduras pican y molestan tanto? Cuando me fui a sacar sangre noté que el pinchazo no molestó después de un rato, pero las picaduras pican y molestan por varios días. Además, la piel se hincha y se pone roja.

Mi papá, que se había puesto de pie, se sentó nuevamente. Yo sabía que no iba a resistirse a una pregunta tan magnífica.

—Eso es muy interesante. De hecho, el aguijón de los mosquitos es muuuy delgado y los científicos están tratando de imitarlo para usarlos en las inyecciones, por ejemplo.

—Espera. Cuando pican los mosquitos a uno le queda una picadura insoportable, ¿por qué los científicos quieren imitar eso?

—No es eso —dijo mi papá, en medio de un laaargo bostezo—. Lo que pasa es que el cuerpo normalmente reacciona a las heridas haciendo que circule menos sangre e intentando generar una costra; eso permite que se cierren y no sangren para siempre.

—Es verdad. El año pasado cuando me caí en el *scooter* me quedó una costra gigante en la rodilla.

—Bueno. Los mosquitos tienen que evitar que nuestro cuerpo cierre la herida que produce el aguijón y para eso inyectan un poco de su saliva.

—Saliva de mosquito, tan guácala como el repelente de sudor de otras personas. ¿Y cómo la saliva les ayuda a sacarnos sangre?

—Hace un tiempo leí que la saliva de los mosquitos contiene algunas sustancias que neutralizan la reacción normal del cuerpo a las heridas. Esas mismas sustancias pueden producir una reacción alérgica, lo que explica el enrojecimiento y la inflamación de las picaduras.

—O sea que no es el aguijón lo que produce la molestia, es la saliva de los mosquitos.

—Correcto, vampiresa.

—Aprendí mucho esta noche, papá; el único problema es que no encontramos al mosquito.

—Yo creo que se fue a dormir... y nosotros deberíamos hacer lo mismo.

—Sí, al menos ahora sé por qué pican las mosquitos.

—Piiican, pican los mosquitos —dijo él, como cantando.

—¿Y esa canción?

Mi papá me miró desde la puerta de la pieza y apagó la luz.

—Cuando seas más grande te la canto —contestó y se fue riendo.

Los adultos a veces son muy raros.

CEREBRO DE PALOMA

Mi papá me dijo que, hace un tiempo, cuando la gente quería contarse cosas las escribían en hojas de papel, ponían el papel dentro de un sobre, al sobre le pegaban una estampilla y luego el cartero lo llevaba a la casa del destinatario. Si esa persona estaba en otro país, los sobres podían tardar meses en llegarles. ¡Son las famosas cartas! Yo nunca he recibido o enviado una, así que mi papá decidió llevarme a la Oficina de Correos que está en la Plaza de Armas, en el centro de Santiago, para entender mejor ese sistema de comunicación. Tomamos un bus en la esquina de la casa y, después de varias vueltas, nos bajamos frente a una calle que estaba llena, llena, llena.

—¿Dónde estamos, papá?

—Este es el Paseo Ahumada, Pachi.

—¿Y por qué todos caminan por el medio de la calle? ¿No nos van a atropellar?

—No, porque por aquí no pueden pasar autos. Es solo para peatones.

—¡Qué bacán! ¿Y por qué hay tanta gente? —pregunté, mirando a unos señores con terno y maletín que caminaban apurados.

—Lo que pasa es que aquí hay muchas oficinas, bancos y lugares que atienden personas.

—¿Y la Oficina de Correos?

—También queda por acá cerca, aunque todavía tenemos que caminar un poco más.

El Paseo Ahumada tiene de todo: venden ropa, comida, hay restaurantes y cafés. También hay artistas callejeros; vimos a músicos, pintores y un señor que se creía estatua. No podía dejar de mirar para todos lados.

—Mi querida Pachi, te presento la plaza de Armas —dijo mi papá, mostrándome el paisaje.

—Yo no veo ningún arma... menos mal.

—Lo que pasa es que antiguamente, durante la época de la Colonia, las plazas de armas eran los lugares donde se juntaban las tropas en caso de alguna emergencia. Con el paso del tiempo se convirtieron en lugares de encuentro y comercio. Hay una en todas las ciudades, y siempre están rodeadas de edificios interesantes, arquitectura antigua y... ¡el edificio de correos!

Estábamos cruzando la plaza cuando de pronto vi un montón de palomas. Creo que nunca había visto tantas palomas juntas, todas bien gorditas picoteando las migas de pan que alguien les había dejado. De pronto comenzaron a seguir a un señor: él caminaba y las palomas caminaban; él se detenía y las palomas se detenían. Achiqué los ojos para mirarlo mejor y vi que del bolsillo de su abrigo sacó migas de pan y las tiró al suelo.

—¿Cómo sabían las palomas que ese señor les iba a dar comida, papá?

—Lo más probable es que lo haga siempre. Las palomas tienen muy buena memoria y son bastante inteligentes.

—¿En serio?

—Sí, de hecho, hace un tiempo, un grupo de investigadores entrenó palomas para reconocer cuadros de dos pintores muy famosos.

—Yiaaa —dije, pensando que mi papá podía estar exagerando.

—¡Es en serio, Pachi! Lo que pasa es que uno puede entrenar a las palomas para que hagan ciertas cosas, si les das comida de recompensa. Otro grupo de investigadores entrenó palomas para hacer diagnósticos médicos.

—¡Já! Imagínate me llevas al doctor y de pronto «Hola, señorita Pachi, ¿qué la trae por aquí?»... Una paloma atendiéndome —dije, pensando en una gran paloma con delantal blanco. El diálogo sería muy divertido: «Picotéese donde le duele».

—¡Qué loquita eres! —comentó mi papá, riéndose de mi médico-paloma—. El punto es que las palomas pueden ser entrenadas para reconocer imágenes, porque tienen una gran memoria visual. Pero lo más importante es que pueden ser entrenadas de manera muy sencilla, usando, como te dije, premios de comida.

—¿Como cuando le enseñamos al Lukas a dar la pata?

—Algo así. De hecho, hace muchos años, un científico de apellido Skinner les enseñó a unas palomas a jugar un juego parecido al ping pong.

—¡¿QUÉÉÉ?!

—¡Sí! Era un juego en el que las palomas tenían que tirarse una pelota de ping pong de un lado a otro en una pequeña mesa. La paloma que metía un punto comía un premio.

Solté una carcajada. Eso de las palomas deportistas me dio más risa todavía.

—¿Sabes?, ahora que lo pienso, una vez en el colegio nos contaron que antiguamente se usaban palomas para enviar mensajes.

—¡Exacto! Las famosas palomas mensajeras.

—Pero nunca pensé que podía haber una relación entre nuestro paseo a la Oficina de Correos y las palomas. Ahora me imaginé a una paloma entregando cartas, con gorra, maletín y todo.

—Ya estamos llegando, mi querida Pachi, pero antes de entrar a la Oficina de Correos te voy a mostrar un video de las palomas jugando ping pong —dijo mi papá, y me mostró un video en blanco y negro de dos palomas jugando un juego parecido al tenis de mesa.

El paseo estuvo genial, pero, como estoy segura de que eso del partido de ping pong les llamó tanto la atención como a mí, les dejaré aquí el link del video. ¡Son secas jugando! ¡Que lo disfruten!

https://www.youtube.com/watch?v=vGazyH6fQQ4

POLOS OPUESTOS

¿Sabían que el clima está cambiando? Resulta que, con tanta contaminación, el planeta ya no pudo más y se estresó. Una de las peores consecuencias es que la temperatura global está aumentando y eso es muy malo. Es como si el planeta tuviera fiebre. Yo estaba viendo con mi papá un documental sobre el cambio climático y en una parte —muy triste— mostraban a un oso polar flaaaco que no había comido hacía mucho, porque ya no había alimento para él.

—¿Y qué pasó con el oso polar? —pregunté, cuando el programa se acabó.

—Mmhh, no lo sé, pero no se veía bien el pobre.

—¿Podemos organizar una expedición para ir a darles comida a los osos polares?

—Lo veo difícil.

—Pero la Antártica no está tan lejos —reclamé, un poco en broma, un poco en serio.

—Uno de los problemas es que no hay osos polares en la Antártica: todos viven en el Ártico, en el hemisferio norte, al otro lado de la Antártica.

Me puse a pensar: si bien siempre los osos polares salen en paisajes donde hay nieve, nunca están con los pingüinos. Y yo sé que los pingüinos viven en la Antártica.

—¿Y por qué no hay osos polares en la Antártica?

—Muy buena pregunta, pequeña osezna.

—¿Osezna?

—Así se les dice a las crías de oso.

—¡Mira tú! Yo pensé que eran ositos y ositas —comenté con cara de sorpresa y me acomodé para escuchar la explicación de mi papá.

—Los científicos creen que los osos polares aparecieron hace relativamente poco tiempo.

–Mmhh, la otra vez dijiste que te ibas a demorar cinco minutos en una cosa y fueron como mil. ¿Cuánto es poco tiempo para ti?

—¡Oye, qué exagerada! —comentó mi papá, apuntándome con el control remoto. Es poco tiempo pensando en la evolución, que se toma su tiempo.

—¿Cuánto es poco tiempo para la evolución en el caso de los osos polares?

—Un grupo de investigadores que ha estudiado esto cree que podrían haber aparecido hace unos 500.000 años.

—¡¿Y eso es poco tiempo?!

—Sí, al menos para la evolución.

—Ya, pero ¿de dónde salieron esos primeros oseznitos bonitos?

—Bueno, esos mismos investigadores están bastante seguros de que los oso polares evolucionaron a partir de los osos pardos.

—Okey. Como lo que me enseñaste de los perros, que vinieron del lobo. ¿Se sabe cómo evolucionaron ellos?

—Lo que los investigadores creen es que los osos pardos empezaron a moverse hacia el Ártico y, con esto, al estar en un nuevo ambiente, algunas de sus características se volvieron más ventajosas.

–¿Cómo cuáles?

–Por ejemplo, si bien la piel de los osos polares es negra, su pelaje es blanco y espeso, lo que les ayuda a soportar el frío. Pero hay algo más: sobre ese pelaje tienen otros pelitos que son huecos y reflejan la luz de manera tal que los hace ver ¡blanquísimos! Así se puedan camuflar a la perfección en la nieve y ser mejores cazando.

—No tenía idea de que la piel de los osos polares es negra —comenté, imaginándome a un oso polar pelado comiendo sushi de pescado recién cazado.

—Así es: negra entera, como su nariz —dijo mi papá, agarrando mi pobre naricita entre su dedo índice y el pulgar. ¡Auch!

Había una cosa que aún no entendía muy bien, así que decidí volver al punto inicial.

—Ya, pero todavía no me queda claro por qué no hay osos polares en la Antártica —pregunté, sacando mi naricita de sus manotas.

—Paciencia, para allá voy —respondió—. Resulta que los osos pardos aparecieron originalmente de manera exclusiva en el hemisferio norte. Son animales que viven en climas más bien fríos, por lo tanto, si hubieran querido cruzar al otro lado de la Tierra, habrían tenido que atravesar climas muy calurosos, cosa bastante difícil. ¿Te imaginas caminar por una playa de Brasil a pleno sol cubierta con tres abrigos de piel?

—No lo resistiría. ¿Me estás diciendo entonces que no hay osos polares en la Antártica porque los osos pardos estaban en el hemisferio norte y no pudieron cruzar hacia abajo?

—¡Exactamente! Por eso tanto los osos polares como los pardos están exclusivamente allá.

—¿Pasó algo parecido con los pingüinos? O sea, ¿parecido, pero al revés? —pregunté, haciendo un movimiento circular con mis manos.

—¡Tal cual, mi pequeña curiosa! —dijo mi papá—. Se cree que con los pingüinos pasó lo mismo, pero al revés: evolucionaron a partir de otra especie que se encontraba exclusivamente en el hemisferio sur y, como no pudieron cruzar el Ecuador porque se morirían de calor, se quedaron a este lado del mundo.

En eso el Lukas, que estaba durmiendo muy cómodo, comenzó a ladrarle a la tele. Con mi papá lo miramos y vimos que estaban mostrando una manada de lobos.

—Mira, qué bonito —comenté en voz baja—: el Lukas reconoció a sus primos.

Mi papá se rio y me propuso ir a cocinar cabritas de maíz a la cocina. Miré la hora de reojo y comprobé que era temprano: de seguro aceptaría que las comiéramos viendo por décima vez *Kung Fu Panda* :B

¡A DORMIR!

Desperté con la nariz helaaaada, así que me metí debajo de las frazadas y Lukas hizo lo mismo. Nos quedamos acurrucados (me encanta esa palabra), escapando del frío, cuando de pronto llegó mi papá a decirnos que el desayuno ya estaba listo.

—Me niego a salir de mi madriguera con este frío —sentencié, asomándome apenas.

El Lukas también se asomó y le ladró dos veces a mi papá, como avisando que él tampoco saldría de la cama.

—Tu leche con chocolate se va a enfriar.

—No me importa —dije, aunque claramente sí me importaba, porque ya tenía hambre—. ¿Y si me traes mi leche a la cama? —pregunté, asomándome un poco más y poniendo los mismos ojos que el gato con botas, ese de la película.

—No seas fresca, ponte bata, pantuflas y vienes a la cocina a desayunar.

—¡Me niego! —repetí, y volví a esconderme debajo de las frazadas. Hace demasiado frío, quiero dormir todo el invierno y despertar cuando haga calorcito.

—¿Quieres hibernar?

Asomé un solo ojo y levanté harto la ceja. El Lukas también se asomó pero me mordió el pelo para que me volviera a esconder con él.

—¿Cómo es eso de *inviernar*?

—Hibernar, con h y b.

—Mi palabra me gusta más porque suena como invierno... la Sofía tenía una tortuga que inviernaba.

—Hibernaba —repitió mi papá, aunque yo sé que se moría de ganas por usar mi palabra.

—¿Y eso de hibernar es como dormir todo el invierno?

—Exacto. Muchos animales hibernan, particularmente los roedores.

Mi guata rugió de hambre y se me ocurrió una pregunta muy pertinente.

—Papá, ¿los animales que hibernan no comen en todo el invierno?

—Así es. De hecho, se cree que el acto de hibernar precisamente es útil para paliar la falta de alimento que se produce en el invierno. Cuando duermen, a los animales les baja la temperatura corporal, respiran más lento y también el corazón les late más despacio. Eso les hace gastar menos energías, ¿te das cuenta?

—¿Y cómo no se mueren de hambre?

—Buena pregunta. Muchos animales comen haaarto antes de hibernar y acumulan mucha grasa.

—¿Se ponen rollentos y panzones?

—Algo así —dijo mi papá.

—¿Y después se comen sus propios rollos?

—No es que se *los coman*. Es solo que esa grasa se transforma en energía que sirve para mantener las funciones más importantes para que se mantengan con vida. Las funciones que no son de vida o muerte quedan en pausa.

En ese momento me dieron muchas ganas de hacer pipí y, obvio, se me ocurrió otra muy buena pregunta.

—¿Entonces los animales que hibernan tampoco hacen pipí o caca?

—Muchos animales que hibernan no hacen pipí ni caca en todo el invierno.

—¡¿Y qué hacen con el pipí adentro?!

—Lo que pasa es que, como los animales que hibernan no comen ni toman agua, casi no fabrican productos de desecho, así que producen muy poco pipí o caca, y por lo mismo no tienen la necesidad de ir al baño mientras hibernan. Eso al menos en el caso de los osos. Otros animales tienen algo de actividad mientras hibernan y ahí aprovechan de ir al baño.

—Qué bien por ellos. Lo que es yo, ¡me hago pipí!

Tiré las frazadas para atrás y salí corriendo al baño. Cuando volví a la pieza, mi papá y el Lukas ya no estaban. Hasta ahí nomás llegó mi hibernación. Me puse las pantuflas y mi bata y bajé a desayunar.

—¿Los animales que hibernan despiertan con mucha hambre? —pregunté, entrando a la cocina.

—Despiertan con un apetito feroz, porque sus reservas de energía casi se agotan al final del invierno.

—Yo creo que los animales que salen de la hibernación se merecen unos panqueques.

Mi papá me miró, muerto de risa, y sacó los ingredientes para hacer panqueques con mermelada de damasco. ¡La mejor recompensa por haber tenido la valentía de abandonar la cama en medio de una ola de frío!

CÓDIGO DE CEBRA

Mi papá me pidió que lo acompañara a comprar un libro, así que aquí estamos, esperando pagar para volver a la casa. Mientras él hojeaba sus libros, yo me fui a ver los de la sección infantil y me topé con algunos muy entretenidos, como ese de una niña que quiere ser presidenta y otro que habla de los mocos (¡sí, ese mismo!). Al final elegí uno sobre el cerebro.

Cuando llegó nuestro turno para pagar, el señor de la caja pasó los libros por esa lucecita roja que hace *piiip* y en la pantalla del computador salió el precio, pero al parecer algo no estaba bien, porque le hizo un comentario a mi papá y desapareció con su libro.

—¿Qué pasó? —pregunté, empinándome en la punta de los pies para ver a dónde se había ido.

—Parece que el código de barras no corresponde.

—¿Código de barras? ¿Son esas rayitas que están aquí atrás? —pregunté, apuntando a la etiqueta de mi libro.

—Eso mismo.

—Se parecen a las rayas de las cebras. ¿Se habrán inspirado en ellas?

—Creo que no. Una vez leí la historia y, hasta donde recuerdo, este sistema se les ocurrió a unos estudiantes que querían hacer más rápido el proceso de compra en las tiendas. Antes, una persona tenía que ingresar el precio de cada producto y al final hacer la suma. El sistema era lento y muchas veces se cometían errores.

Me quedé pensando en las cebras y en qué pasaría si uno pasara una cebra por el aparatito de la caja. También me quedé pensando en qué utilidad tendrán las rayitas de las cebras...

—¿Papá?

—Ya sé qué me vas a preguntar.

—¿A ver?

—Te apuesto que quieres saber acerca de las rayas de las cebras.

—Eso mismo. ¿Para qué les sirven?

—Esa es una pregunta que ha intrigado a los científicos desde hace mucho tiempo. Una de las primeras ideas con respecto a las rayas de las cebras fue que les conferían algún tipo de ventaja porque les sirven como camuflaje. Así, se intuía que a los leones y otros depredadores les costaría más verlas.

—Mmhh, no sé... yo encuentro que las rayas las hacen más llamativas.

—Claro, pero eso mirando con ojos de humano.

—¿Y los ojos de los leones funcionan de una manera diferente?

—Sí, no vemos el mundo igual. El año 2016, un grupo de investigadores llegó a la conclusión de que, para los leones, las cebras parecen caballos grises. No es un buen camuflaje.

—¿Y entonces?

—Bueno, el mismo grupo de investigadores decidió probar otra de las hipótesis que hay al respecto: que las rayas de las cebras sirven para confundir a las mosquitos y lograr que no las piquen tanto.

—¿Las mosquitos pican mucho a las cebras?

—Sí, hay varias mosquitos que pican a las cebras y les pueden transmitir enfermedades. Una de las razones de por qué las pican tanto es porque tienen el pelo súper corto, a diferencia de otros animales que comen pasto.

—¿Y cómo era el experimento para saber si las rayas ayudan a las cebras a que los mosquitos no las piquen tanto?

—Esto te va a encantar: les pusieron un disfraz de cebra a unos caballos.

—¿¡QUÉÉÉ?! Yiaaa —dije, soltando una carcajada. Me pareció demasiado divertido imaginarlo.

—¡En serio! Hay unas imágenes muy chistosas. Incluso el científico que lideró el estudio se sacó unas fotos disfrazado de cebra.

—¡Esos científicos son unos locos! —dije.

Justo llegó el señor de la caja para decirnos que estaba con un problema en el sistema y que se demoraría un poco más.

Con mi papá fuimos a sentarnos a unos sillones que estaban desocupados y seguimos conversando.

—¿Qué fue lo que hicieron con los caballos disfrazados de cebras? —continué.

—Vamos por partes. Primero, los científicos pusieron a los caballos y a las cebras en un ambiente donde había mosquitos y grabaron el comportamiento de los insectos. Lo que observaron fue que los mosquitos aterrizaban mucho menos en las cebras que en los caballos.

—A lo mejor a los mosquitos no les gusta el olor de las cebras...

—Muy buen análisis, Pachi. Para comprobar que las rayas eran las responsables de que los mosquitos no se pararan tanto en las cebras (y no el olor u otra cosa) le pusieron el famoso disfraz de cebra a algunos caballos. Y adivina qué pasó.

—Mmhh, los mosquitos aterrizaban menos en esos caballos disfrazados que en los caballos caballos. O sea, los sin disfraz.

–¡Exacto! Lo que los científicos creen es que las rayas de las cebras, de alguna forma, hacen que los mosquitos no las puedan ver. De hecho, en los videos que hicieron en cámara lenta, se ve a los mosquitos chocando contra las cebras y los caballos disfrazados, como si no los vieran.

Justo en ese momento volvió el señor levantando el libro de mi papá con una enorme sonrisa. Pasó el mío por la maquinita y, ¡*píííí!*, funcionó perfecto. Salimos de la tienda felices, y camino a casa decidí que empezaría a llamar «código cebra» a los códigos de barra, para que ese experimento tan divertido no se me olvide jamás.

LAS TEJEDORAS

A veces aprendo cosas de manera inesperada. Como hoy, cuando íbamos en el Metro con mi papá camino al cine. Resulta que en nuestro vagón iban dos señoras conversando súper animadas y tejiendo al mismo tiempo. Lo más divertido de todo —y que me dejó muy impresionada— fue que ellas ¡no miraban lo que estaban tejiendo! Mi papá notó que yo las quedé mirando con ojos de sopaipilla y se acercó a hablarme al oído.

—¿Te fijaste cómo tejen esas señoras?

—¡Sí!, muy rápido y sin mirar —contesté, intentando no pestañear... no fuera a ser cosa que justo cuando cerrara los ojos se les ocurriera mirar el tejido.

Y estaba en eso, observando sin disimulo a las amigas, cuando recordé que el otro día

en clases de ciencia conversamos de las arañas. Ahí aprendí que las arañas no son insectos, sino arácnidos, pero no recordaba por qué.

—Papá, ¿por qué las arañas no son insectos? —le pregunté.

Mi papá me miró con cara extraña, pero luego sonrió porque de seguro supo que la pregunta se me había venido a la cabeza al ver a las tejedoras.

—Quienes investigan la organización de las formas de vida nos han ayudado a llegar a algunos acuerdos. Por ejemplo, acordamos que los insectos son organismos que tienen tres pares de patas y un cuerpo que tiene tres partes, entre otras cosas. Las arañas tienen cuatro pares de patas y un cuerpo dividido en dos partes, así que pertenecen a un grupo diferente al de los insectos. Son arácnidos. Tampoco tienen alas.

—Cierto, las arañas no vuelan.

—Algunas sí vuelan.

—¡Pero recién me dijiste que no tienen alas!

—Ah, pero hay otras formas de volar, mi querida Pachi. En el caso de las arañas, existe un comportamiento que se llama «vuelo arácnido».

—¡Epaaa! —dije, con mi mejor cara de querer seguir escuchando.

—Algunas arañas pueden lanzar seda al aire, y cuando las corrientes de viento son favorables, elevan un vuelo que puede ser muy largo y alcanzar varios kilómetros.

—Wow, nunca había escuchado eso, papá. Yo pensé que la tela era solo para hacer sus casas y cazar su comida.

—Bueno, la tela de las arañas sirve para hartas cosas. Muchas arañas la usan para cazar a pequeños insectos.

—Insectos que tienen tres pares de patas y el cuerpo dividido en tres partes —dije, recordando la clasificación.

—Así es.

—¿Y todas las telas de araña son iguales?

—No, se han descrito muchas formas diferentes de tejer telas de arañas y también tipos distintos de seda. Algunas telas son pegotes porque llevan una especie de pegamento y, otras, porque tienen unos pequeños pelitos que se enredan en las patas de los insectos.

—¿O sea que podría reconocer a una especie de araña por el diseño de su tela?

—Exacto. Salvo que les hayas dado café.

—¡¿Qué?!

—Es que me acordé de que, hace un tiempo, un científico descubrió que la cafeína, el compuesto del café que nos ayuda a mantenernos despiertos, altera la forma en que las arañas tejen sus telas.

—¿Y les dieron café a las arañas? —Me reí, imaginando una cafetería para arañas.

—Es una historia muy divertida. Resulta que un científico estaba estudiando la forma en que las arañas tejen sus telas. El problema es que las arañas las hacen regularmente por la madrugada, entonces este científico tenía que trabajar entre las dos y las cinco de la mañana.

—¡A esa hora se duerme! —protesté.

—Bueno, a este señor le estaba costando mucho mantenerse despierto, así que le pidió a un amigo, también científico, que encontrara alguna forma de que las arañas tejieran sus telas en otro horario. Así que se le ocurrió darles agua con azúcar y cafeína a las arañitas.

—Papá, ¿no estarás inventándome cosas? —pregunté, con cara de sospecha. Es cierto que mi papá siempre sale con datos frikis, pero esto ya me parecía mucho.

—Es totalmente cierto, Pachi.

—¿Y entonces cambiaron la hora para tejer?

—No, siguieron tejiendo de madrugada.

—Buuu, qué pena, no sirvió de mucho el experimento.

—Sí sirvió, porque las arañas tejieron telas muy deformes bajo el efecto de la cafeína, nada que ver con las que tejen normalmente. Por lo tanto, ayudó a saber más cosas acerca del diseño.

—Excelente, ya aprendí todo en relación a las telas de araña: tienen diseños variados y bonitos, sirven para cazar insectos y para volar.

—Te falta un dato: cuando no tienen nada que comer, algunas arañas se pueden comer su tela, que está hecha de proteínas.

—¡Puaj! —dije, y me imaginé a una familia arácnida comiendo tallarines de tela, todos secos.

—Bueno, al menos así no se mueren de hambre.

—¡Qué entretenida conversación! —exclamé, echándome para atrás agarrada de la barrita de fierro del vagón.

—Nos pasamos.

—Sí, nos pasamos para entretenidos.

—No, nos pasamos de estación, Pachi —dijo mi papá, riéndose.

Resulta que veníamos tan animados conversando que se nos pasó la estación donde nos teníamos que bajar. Así que aquí estamos, muertos de la risa esperando el Metro en la dirección opuesta, para devolvernos y llegar al cine. De seguro las señoras tejedoras se bajaron en la estación correcta.

71

TENEMOS SED

Es domingo y con mi papá decidimos salir a pasear: yo voy en mi *scooter* y él camina con el Lukas. A mi perro le encantan estos paseos largos, porque aprovecha de conversar con otros perros. O sea, yo digo conversar, pero en realidad se huelen y a veces se ladran. Es chistoso; me imagino a Lukas diciendo «¡Este es *mi* árbol!» cuando le ladra a otro perrito que se quiere acerca al tronco donde él está haciendo pipí.

Cuando volvimos a la casa, me quedé mirando como el Lukas tomaba agua. Después de un rato comenzó a pegarle con la pata a su plato, ¡se había quedado sin agua y estaba pidiendo más! Ahí se me ocurrió una pregunta que nunca antes me había hecho.

—Papá, ¿sienten sed los peces?

Mi papá me quedó mirando en silencio, se pasó la mano por la barba y se sentó en la mesa de la cocina.

—Oye, qué buena pregunta. No tengo la más mínima idea, pero tengo un amigo científico que puede saber. Hagamos algo: le voy a enviar un e-mail y veamos qué me dice.

Así que mi papá trajo su computador y entre los dos le escribimos a su amigo científico que estudia varias cosas relacionadas con peces.

—¿Y tú qué crees? —le pregunté a mi papá después de que apretó «enviar».

—Mmhh, no sé. Por un lado, lo que nosotros entendemos como «sed» es básicamente el impulso de tomar agua u otros líquidos. Es un mecanismo de supervivencia. Pero en el caso de peces, que viven rodeados de agua, no sé si sentirán ganas de tomar agua.

—¿Y qué pasa si no tomamos agua?

—No podemos sobrevivir. El agua es fundamental para la vida. De hecho, cuando la NASA

envía misiones a otros planetas para buscar vida, una de las cosas que busca es agua líquida.

—Yo el otro día tomé muuucha agua y mi guata empezó a hacer ruidos divertidos.

El Lukas se paró al lado de nosotros, como reclamando por más agua, así que le llené otra vez su bebedero.

Al día siguiente, mi papá me estaba esperando en la entrada del colegio para volver a la casa. Lo primero que hice, después de saludarlo, fue preguntarle si su amigo le había contestado.

—Sí, me contestó... y tu pregunta le resultó muy interesante. Primero, por eso de «sentir sed». Resulta que en los animales como nosotros o el Lukas, que vivimos en tierra, existe el riesgo permanente de que nos deshidratemos. Por lo mismo, la sed juega un rol esencial: es la alerta que nos da el cuerpo para que tomemos agua y no nos deshidratemos.

—¿Y los animales que viven en el agua entonces se hidratan por la piel?

—Para allá voy. Mi amigo me dijo que, en relación a tu pregunta, hay dos tipos de comportamiento, y estos dependen de si los peces son de agua dulce o de agua salada.

—Nada que ver, papá, pero ¿por qué le decimos agua dulce al agua que no es salada?

—Oh, gran pregunta. Una vez leí que el término se empezó a usar en castellano justamente en contraposición a «agua salada». Es divertido, porque en inglés el término equivalente sería «agua fresca».

—¿Y cambia mi pregunta dependiendo si los peces son de agua dulce o salada?

—Sí. Mi amigo me contó que los peces de agua dulce no necesitan tragar agua como nosotros, mientras que los de agua salada sí. Pero, a diferencia de nosotros, ¡ellos no necesitan ir a buscar el agua!, porque viven rodeados de ella, por lo tanto...

—Por lo tanto no sienten sed porque la sed es solamente el impulso que nos hace ir a buscar el agua para no deshidratarnos.

—¡Correcto!

—Ya, pero si se les olvidara tragar agua, ponte tú, ¿sentirán sed? ¿Ah, ah? ¿Qué me dices?

—Bueno, eso es lo que me explicaba mi amigo después: resulta que la forma en que su cerebro controla la acción de tomar agua es muy diferente a la nuestra, es más bien automático.

—Mmhh, ya... pero ¡¿sienten sed los peces sí o no?! —dije, dando unos saltos mientras caminábamos a la casa. No sé por qué esa pregunta me tenía tan metida.

—Es difícil saberlo, mi querida Pachi, porque lo que tú entiendes como sed es una experiencia humana. Tenemos la tendencia a explicar muchas cosas del comportamiento animal asumiendo que perciben e interactúan con el mundo como lo hacemos nosotros, y no es así. Pero no te desanimes. Tu pregunta le pareció tan desafiante a mi amigo que le preguntó a otros compañeros de trabajo, y algunos opinaban que los peces sí podían sentir sed. Como ves, es un asunto complejo.

—Si te pidiera hacer un resumen como los del colegio de todo esto que hemos hablado, ¿cómo lo harías?

—Mmhh, sería así: los peces de agua salada viven rodeados de agua y la tragan de manera automática y permanente. Por lo tanto, es muy difícil que logren experimentar algo similar a lo que un humano definiría como sed.

—Esa respuesta me gustó. Y fíjate que no sé si será porque estamos hablando de esto, pero me dio sed.

—Mmhh... ¿nos tomamos un granizado antes de llegar a la casa? —propuso mi papá.

—¡Yeeei! —respondí, y mi sed aumentó aún más al imaginármelo. Eso sí, tomaría mi granizado con precaución. No fuera a ser cosa que me doliera el cerebro por tragar cosas frías como una desesperada.

GATOS LOCOS

En este edificio vive un gato gordo y peludo que, por esas cosas de la vida, se llama Gordo (pero su segundo nombre no es Peludo, buuu). El Gordo me reconoce y me maúlla cuando entro al edificio, porque sabe que vivimos en el mismo piso y aprovecha de subir en el ascensor conmigo.

Un día, mientras paseábamos al Lukas en la plaza, vi de lejos al Gordo. Estaba agachado y se movía como esa canción: despacito. De repente pegó un salto y agarró algo, pero estaba muy lejos de mí así que no vi bien qué era.

—Papá, parece que Gordo está cazando cosas en el aire.

—Seguro son polillas, a los gatos les encanta cazar polillas.

—¿Y los gatos también son animales domésticos?

—Sí. Quienes investigan su evolución creen que los gatos fueron domesticados en el norte de África a partir de una especie de gato salvaje que vivía en esa zona.

—¿Y el gato doméstico se parece al gato salvaje? Porque los perros no se parecen tanto a los lobos, por ejemplo.

—Se parecen bastante. De hecho, se cree que, además de las diferencias en el comportamiento y el tamaño, la cosa más diferente es el pelaje.

—¿Cómo sabemos eso?

—Porque se han encontrado algunos dibujos de gatos del antiguo Egipto y esos gatos tienen siempre rayas. Los manchones de colores en el pelaje son algo más reciente.

—¿Y por qué los gatos hacen cosas tan raras? El gato de mi amiga Amparo a veces se despierta de noche y corre para lanzarse arriba de ella. También le gusta arañar los muebles ¡y se asusta con cosas como un pepino!

—Es interesante eso, porque mucha gente piensa que los gatos se comportan de manera curiosa. Quienes han investigado su evolución y comportamiento creen que su actitud, o las cosas raras que hacen, son un reflejo de su forma de vida silvestre.

—¿Cómo es eso?

—Resulta que los gatos, efectivamente, tienen grandes habilidades de cazadores. Antes de que los domesticáramos, obtenían su comida cazando animales más pequeños. Pero, a su vez, los gatos son presa de otros animales más grandes. Eso quiere decir que también muestran conductas y comportamientos relacionados con ser presa.

—¿Y en qué se les nota lo de cazadores?

—Por ejemplo, el acechar.

—¿Pelechar?

—No, *acechar*. Cuando viste al Gordo como agachado y moviéndose lentamente, lo que estaba haciendo era prepararse para cazar, identificando a su presa y planeando su próximo movimiento. Eso es acechar.

—¿O sea que esa pobre polilla fue la cena del gordo?

—No, lo más probable es que haya jugado un rato con ella y después la dejara ir. Los gatos domésticos no cazan porque tengan hambre: es una conducta instintiva que quedó de su estilo de vida silvestre. Algo parecido explica por qué les gusta tanto subirse a los muebles: así tienen una buena vista de su territorio —dijo mi papá, haciendo como si me mirara por un telescopio.

—Aahhh... y eso de ser presa, ¿en qué se les nota?

—Se les nota en sus reacciones cuando se asustan, por ejemplo. También se les nota por esa costumbre que tienen de meterse en lugares muy pequeños y estrechos, ¿te has dado cuenta?

—Ah, sí... una vez el gato de la Amparo se metió dentro de una caja de pañuelos desechables, ¡una cosita de este porte! —dije, al tiempo que juntaba mucho mis dedos índice y pulgar, dejando apenas un espacio entre ellos—. Fue divertido.

—¿Viste? Se cree que eso también está asociado a la costumbre de esconderse de los depredadores.

—¿Y por qué les gusta tanto destruir los muebles?

—¡No es que les guste destruir los muebles! Lo que pasa es que, como tienen que estar preparados para cazar o huir, siempre están afilando sus garras. Para eso lo mejor es agarrarse firmemente de algo y tirar. Pueden ser sillas, sillones...

—Colchones, alfombras...

—Cortinas, cojines...

—Mesas, mochilas...

—Bueno, prácticamente cualquier cosa que se interponga en su camino —dijo mi papá y me propuso volver a casa.

Cuando llegamos al edificio, nos encontramos con el Gordo.

—Miau, miaaau —dijo, y entró con nosotros en el ascensor.

Al llegar a nuestro piso salió corriendo y se sentó a maullar en la puerta de su departamento para que le abrieran. Ahí me acordé de la última pregunta que tenía sobre los gatos.

—Papá, ¿y por qué los gatos ronronean?

—Eso es interesante. No solo los gatos ronronean, también lo hacen otros felinos más grandes y aparentemente es una señal de que están contentos y tranquilos.

—Ah, ¿es como una especie de lenguaje?

—Es una forma de comunicación.

—¿Y si vemos videos de gatitos? Porfi, porfi. ¡Son tan divertidos!

Dijo que sí al tiro, así que nos pasamos la tarde viendo videos de gatos haciendo locuras como las que hacían cuando eran salvajes. Después mi papá se quedó dormido, y podría jurar que soñó con gatos, porque lo vi atrapar cosas en el aire y mover la nariz tal como hace el Gordo cuando huele la latita de salmón que le llevo a veces.

POLLOSAURIO REX

Estábamos viendo una película súper divertida, que se trata de unos científicos que deciden que es buena idea revivir a los dinosaurios y no le hacen caso a otro científico que es muy cool y que opina que es muy mala idea. Al final, resulta que el científico cool tenía razón: fue muy mala idea revivir a los dinosaurios, que terminan comiéndoselos a casi todos. Es una película vieeeja, estrenada quince años antes de que yo naciera, pero la encontré bacán.

—Papá, ¿se sabe de verdad qué paso con los dinosaurios?

—Se cree que todos murieron hace unos 65 millones de años, después de que un asteroide chocara con la Tierra. No todos los científicos que estudian esto están de acuerdo con que es la única explicación, pero muchos coinciden en que es lo más probable.

—¿Y fue el choque del asteroide lo que los mató?

—O sea, es probable que muchos hayan muerto como consecuencia directa del choque del asteroide, pero lo realmente malo fue que se levantó una cantidad enooorme de polvo que tapó la luz del sol durante mucho tiempo. Esto provocó que muchas plantas murieran y, junto con ellas, los animales que comían plantas, y después los animales que se comían a esos animales.

—Eso fue mucho antes de que aparecieran los humanos, ¿cierto?

—¡Muchísimo antes! Los humanos modernos aparecieron hace unos 250 mil años.

—¿Cuando dices humanos modernos te refieres al *Homo sapiens*?

—Exactamente.

—Mmhh, el otro día estaba viendo tele con mi prima y dieron unos monitos donde aparecían humanos y dinosaurios juntos, ¿eso nunca pasó, entonces?

—No, nunca estuvimos ni cerca de encontrarnos.

—¿Y con el asteroide no se salvó ningún dinosaurio?

—Hoy los científicos creen que los únicos dinosaurios que sobrevivieron fueron unos llamados terópodos, que caminaban apoyados en tres dedos y que lentamente dieron origen a las aves modernas.

—Espera. ¿Entonces los gorriones de la plaza y las gallinas que vemos siempre en Pichilemu descienden de los dinosaurios?

—Mmhh, podríamos decir que tienen un pariente lejano en común. Fíjate que en 1861 desenterraron en Alemania los restos fosilizados de un animal muy extraño: era como un dinosaurio con una cola larga y todas las características típicas de los dinosaurios, pero además tenía estructuras que parecían alas y también plumas.

—¿Era como un pájaro prehistórico?

—Algo así. No era un pájaro, sino que algo a medio camino entre un dinosaurio y un pájaro. Al principio lo más emocionante fue la presencia de plumas. Por esa época no se habían encontrado muchos fósiles de dinosaurios y las plumas eran una rareza... hasta que apareció el Arqueópterix.

—¿Arquequé?

—Arqueópterix. Ese fue el nombre que le dieron al extraño fósil. A partir de ese momento se empezó a sospechar que tal vez no tooodos los dinosaurios murieron con el choque del asteroide. Hoy se cree que sobrevivió un grupo de dinosaurios en particular que, con el paso del tiempo, dio origen a todas las aves modernas.

—Me cuesta pensar que una gallina sea pariente de un dinosaurio.

—La verdad es que tienen muchas cosas en común: huesos huecos, alas, plumas y otras características del esqueleto. Además, hay algunas aves que sí parecen dinosaurios.

—¿En serio?

—Sí, mira.

Mi papá sacó su celular y buscó en Google «Balaeniceps rex» y aparecieron unas fotos increíbles de un ave que de verdad podría trabajar de extra en películas de dinosaurios.

—Guau, a ese no lo conocía, ¿y en qué otras cosas las aves se parecen a los dinosaurios?

—Mmhh, recuerdo que, poco tiempo atrás, un grupo de científicos chilenos hizo que un pollo caminara como dinosaurio.

—¡¿QUÉÉÉ!?

—Sí, en serio. Ese grupo de investigadores estaba interesado en estudiar la forma en que se movían los dinosaurios. Estos tenían una cola larga y, por lo tanto, su postura era diferente a la de las gallinas modernas, así que a los investigadores no se les ocurrió nada mejor que ponerles una cola artificial a algunos pollos. A esos pollos, que caminaban como un dinosaurio, les llamaban pollosaurios.

—Jajajá, ¡me encanta!

—No solo a ti: su trabajo fue tan creativo que les dieron un premio en Estados Unidos.

—¿Real?

—Real.

Después de hablar tanto rato nos dio hambre, así que bajamos a comer. Mi papá cocinó,

¡adivinen qué!, pollo con ensaladas, y yo lo único que hice fue pensar qué se sentiría comer un tutito de pollosaurio con papas fritas.

BUSCANDO AL TÍO AGUSTÍN

Llegó la primavera. Los árboles tienen flores amarillas, blancas o rosadas. El viento está tibiecito y ya se ven los primeros volantines en el cielo. Como nos encanta la vida al aire libre, con mi papá decidimos ir a acampar al Cajón del Maipo, un lugar muy lindo que está cerca de Santiago. En invierno también vamos y, como hay nieve, aprovechamos de jugar y tirarnos en trineo. En esta época preferimos ir cerca del río, escuchar el sonido del agua, lanzar piedras y descansar de guata en el pasto.

Estaba así mismo, con mis pantalones remangados y acostada sobre el chal, cuando un sonido llamó mi atención.

—Papá, ¿qué pajarito canta así?

—¿Cuál? No escucho —contestó.

—¡Ese! —dije, justo cuando volvió a cantar—. Ese que suena como «uiuuuu uiuu uiuu tiiii».

—Aahhh, ese es el pajarito que está buscando a su tío Agustín.

—¡¿Kié?! —pregunté poniendo cara divertida.

—Escucha con atención. Pareciera que el pajarito canta «¿Han visto a mi tío Agustín?»

Paré las orejas y, ¡lo juro!, escuché clarísimo: «¿Han visto a mi tío Agustín?», cantaba un pajarito. «¿Han visto a mi tío Agustín?», contestaba otro.

—¡Lo escuché! —le dije—. ¡Qué loco! ¿Cómo se llama ese pájaro?

—Es un chincol, o al menos con ese nombre lo conocemos en Chile.

—¿Tiene otros nombres en otras partes?

—Sí, es un pajarito que vive en muchos lados, desde México por el norte hasta Tierra de Fuego en el sur.

—¿Cuál es? —pregunté, poniéndome de pie—. No logro distinguirlo.

—Mmhh, quedémonos quietos un rato a ver si alguno se asoma.

Con mi papá nos quedamos muy quietos y en silencio. De pronto uno se asomó cantando clarito. «¿Han visto a mi tío Agustín?». Era un pájaro muy chiquito, que caminaba dando saltos. Tenía una mancha color café en el cuello y lo más divertido y llamativo: las plumas de la cabeza estaban como desordenadas.

—Papá —susurré—, este pájaro está despeinado.

Mi papá se aguantó la risa para no espantar al pájaro y me hizo un gesto para que nos agacháramos.

—Sí, esas plumas levantadas en la cabeza son muy distintivas. También la mancha café que tiene en el cuello. Y obviamente el canto.

—¿Y todos los chincoles cantan igual?

—Todos.

—¿Y cómo aprendieron a cantar?

—Eso es muy interesante —dijo mi papá, sentándose en el suelo—. Imagínate que hace 250 años ya se habían hecho experimentos en que una especie de pájaro era criada por otra especie. Esos pájaros aprendieron los cantos de la especie con la que crecieron.

—¿Es como un idioma?

—Algo así. Se cree que se aprende de padre a hijo y sirve para estrechar lazos entre miembros de una misma especie. También puede servir para alertar sobre algún peligro. Y también algunas aves se aprovechan de eso.

—¿Cómo?

—Resulta que muchos animales pueden hacer ciertos llamados que relacionan con el peligro. Si un animal ve a un depredador, por ejemplo, hará un llamado particular para alertar a sus compañeros. Hace algunos años, una científica que trabajaba con unos pájaros en África, llamados Drongos, descubrió que estos podían imitar el llamado de peligro de otros pájaros y también el de algunos animales terrestres.

—¿Se hacían pasar por otros animales?

—Algo así.

—¿Y para qué?

—La investigadora descubrió que los Drongos imitaban el llamado de alerta de otros animales para hacer que estos se escondieran y poder comerse la comida de ellos.

—¡¡¡Qué pillos!!!

En ese momento el Chincol, que se había acercado bastante a nosotros, se asustó con mi grito y voló a un árbol.

—Sí —dijo mi papá—. La investigadora descubrió que los Drongos, que son muy inteligentes, podían imitar el llamado de peligro de muchas especies de aves y otros animales. Eso, además, les permitía que no los descubrieran, ya que siempre iban cambiando la especie a la que imitaban.

Empezamos a caminar de vuelta a la carpa para comer algo y me acordé de una última pregunta.

—Papá, ¿y cómo se alertan las jirafas?

—Oh, qué buena pregunta. Resulta que durante mucho tiempo se pensó que las jirafas no hacían ningún ruido en especial, más allá de resoplar de vez en cuando. Sin embargo, un grupo de investigadores grabó a jirafas en zoológicos por ocho años. Tenían casi mil horas de grabaciones, algo así como cuarenta días completos de audio.

—Guaaa, ¿y escucharon algo?

—Sí. Una especie de zumbido muy bajo... como si Darth Vader hiciera «Oooommmm».

—Con esa referencia a *Star Wars* me quedó clarito.

Los dos caminamos rumbo a nuestra carpa haciendo competencia de a quién le salían mejor los ruidos de jirafa.

ÁCIDO HORMIGA

Hoy vinimos a almorzar a un parque. Está lleno de perritos y el Lukas juega con sus nuevos amigos y corre como loco. Con mi papá trajimos hartas cositas ricas para comer, además de libros y un juego de mesa. Estábamos tendidos en el pasto sobre nuestra manta, comiendo un pedazo de sandía de postre, cuando a mi papá le pasó algo muy divertido.

—Puaj, creo que me comí una hormiga —dijo, tocándose la lengua.

—¿Aahh?

—Mmhh, sí, definitivamente me comí una hormiga sin querer.

—¿Y cómo pasó eso? —pregunté, sin disimular mi risa.

—Seguro el olor a sandía la atrajo. Debe haber estado caminando por el pedazo de fruta que me acabo de comer.

—¿Y cómo sabes que era una hormiga?

—Por el sabor. Las hormigas tienen un sabor muy fuerte y distintivo.

—¿O sea que te habías comido una hormiga antes?

—Sí, cuando tenía tu edad me comí una; es un sabor que no se olvida.

—¿Y a qué saben?

—A nada muy rico, la verdad —dijo mi papá, y nos reímos los dos.

—¿Y qué hace que tengan ese sabor tan malo?

—Las hormigas tienen ácido fórmico. Eso les da ese gusto tan desagradable.

—¿Ácido fórmico?

—Sí. Es un compuesto químico pequeño, identificado por primera vez en las hormigas. De hecho, el nombre fórmico viene de la palabra en latín para designar a las hormigas.

—¿Entonces es como ácido hormiga?

—Algo así. Ahora necesito un poco de agua para el mal sabor.

—¿Y les sirve de algo a las hormigas ese sabor tan guácala?, ¿será que así nadie se las quiere comer?

—Bueno, las hormigas usan el ácido fórmico para defenderse.

—¿Y cómo sabía la hormiga que estábamos comiendo algo dulce como la sandía?

—Eso es muy interesante. Hace poco se descubrió que las hormigas tienen un gran olfato.

—¿Tienen nariz las hormigas?

A esa altura yo estaba de guata en el pasto buscando hormigas. ¡Y resulta que estaba lleno! Iban caminando en fila, súper ordenadas.

—Los insectos tienen cuerpos que se organizan de una manera bastante diferente de lo que pasa en los mamíferos. En el caso de las hormigas, el sentido del olfato depende de sus antenas, principalmente.

—¿O sea que huelen usando sus antenas?

—Sí, y tienen un muy buen olfato, probablemente uno de los mejores entre los insectos.

—¿Y de qué les sirve un olfato tan bueno?

—Para buscar comida y para comunicarse.

—¿Las hormigas se comunican?

—Sí, Pachi. Fíjate bien —dijo mi papá, echándose en el pasto a mi lado.

En ese momento los dos nos quedamos mirando a las hormigas que pasaban caminando por el pasto.

—Ya me fijé que caminan en fila, como soldados o como si estuvieran en el colegio.

—Eso mismo quería comentarte. A medida que las hormigas se mueven van dejando un rastro químico. Ese rastro les sirve para guiarse y guiar a otras hormigas. Es una forma de comunicación y para eso también usan su olfato.

—Como en el cuento de Hansel y Gretel, claro que ellos dejaban miguitas de pan. ¡Mira!, se ve cómo van tocando todo con sus antenas.

Después de observarlas un rato, nos sentamos en la manta para terminar de comer nuestros pedazos de sandía. Lukas estaba echado en la sombra, cansado por haber corrido tanto.

—¿Y las hormigas solo comen fruta, papá? —pregunté, mirando casi turnia mi último pedacito de sandía para asegurarme de que no tuviera ninguna hormiga.

—No, algunas hormigas cazan a otros insectos. Hacen unas trampas muy ingeniosas.

—¿En serio?

—Sí. En el Amazonas, por ejemplo, hay unas hormigas que viven en los árboles y que construyen una trampa parecida a un colador. La trampa se asemeja a una parte de la planta y los insectos se posan en ella. Al otro lado están las hormigas, que cuando sienten al insecto se asoman por los agujeros y lo cazan con sus mandíbulas.

—Eso ya parece película de terror.

—Mejor piensa que tienen una gran organización social.

—¿Y pican las hormigas?

—Algunas sí, y duele mucho.

—¿Cómo algo tan chiquitito puede producir taaanto dolor?

—Bueno, hay una hormiga en particular a la que le dicen «hormiga bala» y su picadura es una de las más dolorosas del mundo. Eso según un ránking de picaduras.

—¡¿Hay un ránking de picaduras?!

—Sí, un científico que estudia a los insectos se ha dejado picar por un montón de ellos e hizo una clasificación acerca del dolor que producen.

—¡Guuuaaaaaa!

—Para que veas. La lista se llama «Índice Schmidt del dolor por picaduras» y, en ese ránking, las hormigas bala tienen el primer lugar. En algunos lugares del mundo les dicen «hormigas 24 horas», porque el dolor es tan intenso que dura un día completo.

Mientras arreglábamos las cosas para irnos, me quedé pensado en el loquillo del señor Schmidt y su ránking del dolor, agradeciendo que esas hormigas bala no vivieran en este parque.

DE FLOR EN FLOR

Mi papá casi me mata de un susto. Resulta que estábamos leyendo los dos muy concentrados cuando de repente...

—¡Aachúúú!

El pobre Lukas, que se había quedado dormido al sol, se despertó de un salto y ladrando. Y yo, si hubiese sido perro, también hubiera ladrado.

—Ay, papá, me asustaste —le dije, poniéndome la mano en el corazón, que me empezó a latir rápido.

—Lo siento, Pachi. Lo que pasa es que en esta época me da un poco de alergia.

—¿A qué le tienes alergia?

—Al polen de algunos árboles, me pasa todas las primaveras.

—Pucha. No podrías haber sido una abeja.

Automáticamente me imaginé a mi papá disfrazado de abeja, con antenas y todo, y me dio mucha risa.

—No, lo habría pasado pésimo —dijo, mientras buscaba unos pañuelos que tenía adentro de su mochila.

—¿Te imaginas una abeja alérgica al polen? Sería pésimo.

—Esa abeja no lo pasaría bien.

—A todo esto, ¿hay otros bichitos que puedan llevar polen de una flor a otra? En el colegio nos contaron que a veces las abejas mueren y nadie sabe muy bien por qué.

—Vamos por partes —dijo mi papá, acomodándose los lentes—. Las abejas que tú conoces, las que hacen miel, son insectos muy interesantes. Esas son las abejas melíferas europeas, que fueron domesticadas para la producción de miel.

—¿Domesticadas? ¿Así como los perros?

—Tal cual. Fueron seleccionadas por los humanos para la producción de miel, y también para llevar polen entre las flores de los diferentes cultivos.

—¿Entonces se usan abejas de manera intencional para llevar polen de flor en flor?

—Sí, de hecho los agricultores muchas veces arriendan colmenas para llevar abejas a sus campos y así poder polinizar algunos árboles, como los cerezos.

—¡Me encanta! No tenía idea de que se podían domesticar insectos y menos que uno podía «arrendar» colmenas.

—Hay muchas cosas de la vida cotidiana que son bastante más complejas de lo que uno pudiera pensar.

—¿Y hay otros bichitos que polinicen?

—¡Sí! Por ejemplo, la flor del árbol de cacao es polinizada por una mosca.

—Espera, mucha información. ¿Cómo es eso del árbol de cacao? —dije, muy intrigada e imaginándome un árbol lleno de bombones y chips de chocolate.

—Acuérdate que el chocolate se hace a partir del fruto del cacao, que es un árbol.

—Cierto. ¿Y cómo es eso de que una mosca poliniza la flor de ese árbol?

—Tal cual lo escuchas. Resulta que la flor del cacao es pequeñita y tiene una forma muy especial. Eso hace que insectos como las abejas no puedan entrar a la flor a sacar el polen. Luego de observar, se descubrió que, en lugar de abejas, una pequeña mosca es la que poliniza la flor del cacao.

—¿O sea que todo el chocolate del mundo depende de unas moscas?

—Mira, nunca lo había pensado de esa forma, pero sí, Pachi. Tal cual.

—¿Y todos los cultivos dependen de insectos para llevar polen?

—También hay otros animales que pueden polinizar, al menos algunos cultivos. Hay pequeños mamíferos, como roedores, que llevan polen entre flores. ¡Incluso murciélagos!

—¿Pero no que esos solo toman sangre?

—No, ese un mito. Hay solo unas pocas especies de murciélagos que se alimentan de sangre. La mayoría come insectos, frutas y néctar de flores. Y justamente los que disfrutan del néctar de las flores son los que pueden llevar polen entre ellas.

—Qué interesante. ¿Y los humanos también llevamos polen?

—Sí, cuando caminas por el campo, por ejemplo, puedes llevar polen pegado a tu cuerpo o la ropa. Pero también hay polinización intencional.

—¿Cómo es eso?

—Mmhh, por ejemplo, las chirimoyas...

—¡Ay, amo las chirimoyas! ¿Tenemos chirimoyas?

—No, Pachi, todavía no empieza la temporada.

Me quedé pensando en una chirimoya gordita y aromática. Después seguí escuchando la explicación de mi papá.

—Las plantas que producen chirimoyas son originarias de Ecuador y el norte de Perú. Allá viven unos insectos que polinizan esas flores, y esos insectos no están en Chile. Así que acá, para poder tener chirimoyas, hay que polinizar sus flores a mano.

—¿Cómo a mano?

—Así, como suena. Todas las chirimoyas que venden en la feria, en La Vega o en el supermercado, fueron polinizadas por alguien. Funciona así: un día, por la tarde, pasa una persona recolectando el polen de las flores y lo guardan toda la noche; a la mañana siguiente, usan ese polen para ir fertilizando cada una de las flores.

—Guuuaaaa, jamás me habría imaginado algo así. Creo que ahora miraré con otros ojos a las chirimoyas, 1313.

Estábamos en eso cuando entró una abeja a la casa. Con mi papá la quedamos mirando y ella, muy despreocupada, se dio una vuelta, pasó a saludar al Lukas y después salió volando por la ventana rumbo a la plaza. Seguro sabe perfecto que está lleno de flores.

CHILENOS

Mi papá tuvo que viajar por trabajo a Concepción, una ciudad que está al sur de Santiago, y adivinen quién lo acompañó :B Tomamos un avión por la mañana, y antes del almuerzo ya estábamos caminando por el centro. Ahora estamos en una plaza que se llama Plaza de la Independencia, que justo al centro tiene una fuente de agua muy linda. Cuando me acerqué a mirarla, algo me llamó la atención.

—Papá, esto es extraño.

—¿Qué cosa, Pachi?

—Esta fuente. Tiene el escudo de Chile, pero parece que en vez de un huemul le pusieron un ¿caballo con cola de león?

—¡Ah, te diste cuenta!

—¿Tú sabías?

—Sí, la última vez que estuve aquí me lo explicaron. Dicen que la fuente la mandaron a hacer a Inglaterra; en el diseño original había un huemul, pero como en Inglaterra no hay huemules y nunca habían visto uno, pensaron que era un caballo. Así que eso fue lo que pusieron en la fuente. Esa es, al menos, la historia que me contaron.

—Qué divertido. ¿O sea que los huemules solo viven en Chile?

—Mmhh, sí. A veces se les ve también en Argentina, pero la mayoría vive en nuestro país.

—¿Y qué tipo de animales son? Porque, pensándolo bien, igual se parecen un poco a los caballos.

—Los huemules son un tipo de ciervo. ¡Ah, y también tenemos al pudú!

—¿Pudú?

—Sí, es el ciervo más pequeño del mundo. Viven en el sur de Chile y se los puede ver más fácilmente en la isla de Chiloé.

—¿Y qué tan pequeños son?

—Son de un tamaño muy similar al del Lukas.

—¡Oohhh, pequeñitos! Qué tiernos deben ser.

—Sí, y lamentablemente quedan muy pocos. A veces los atropellan los autos cuando cruzan un camino, y los bosques donde viven están cada vez más chicos porque han ido cortando los árboles.

—Qué pena. ¿Y qué otros animales viven solo en Chile?

—Justo el otro día me comentaban de un pequeño picaflor que vive en el norte, principalmente cerca de la ciudad de Arica. De los pájaros que viven en Chile, es el de menor tamaño.

—¿Así como un gorrión?

—Mide unos siete centímetros, algo así como el ancho de tu mano.

—Chico, chico —dije, mirando mi mano.

—Lamentablemente, como en el caso de los pudú, también quedan muy pocos. Y nuevamente la explicación es similar: los lugares en donde viven han sido contaminados por nosotros o se han visto muy afectados por el cambio climático.

—En el colegio hablamos de eso en la clase de ciencias. Nos contaron el caso de unas ranitas que parece que quedaban muy pocas.

—Sí, las ranitas del río Loa. Ese es un caso crítico: las encontraron en el lecho casi seco de un río, en el que quedaban apenas catorce ranitas. Imagina: toda la población mundial de esas ranas eran apenas catorce. Rápidamente las llevaron a un centro especializado en el rescate de anfibios para tratar de salvarlas y que no desaparecieran por completo. Cuando todos los ejemplares de una especie desaparecen, se habla de extinción.

—Qué pena que desaparezcan para siempre animales que solo viven en Chile.

—Sí, es una pena. Sobre todo porque es posible que algunas especies se extingan sin haber alcanzado a estudiarlas.

—¿En serio?

—Claro. Imagina que ya nos cuesta cuidar animales que vemos. Ahora piensa, ¿cómo podemos cuidar lo que no vemos?

Ahí me confundí un poco, ¿es que acaso hay animales invisibles en Chile?

—¿Cómo es eso de cuidar lo que no vemos?

—Me refiero a las bacterias. Es muy posible que, así como hay animales únicos, tengamos también bacterias únicas.

—Yo pensaba que todas las bacterias eran guácala y que había que eliminarlas.

—No, la mayoría de las bacterias no causan enfermedades; por el contrario, son benéficas. Muchas de esas bacterias viven en el suelo y también podrían desaparecer si seguimos contaminando el planeta como lo contaminamos hoy.

—¿Y hay animales marinos que sean chilenos?

—Sí, el delfín chileno.

—¿Hay un delfín chileno?

—Sí, una investigadora en Valdivia los ha estudiado. Son animales pequeños y bastante tímidos, por lo que no se sabe mucho de ellos. Son de color negro, con la guata blanca y de aletas redondeadas. A veces, en las aguas del sur, se les ve nadando y dando saltos cerca de las embarcaciones.

—¿Y podemos ir a verlos algún día? ¿Porfi?

—Sí, claro. Podríamos a Chiloé para las vacaciones. Aprovechamos de ver a los pudús y a los delfines chilenos.

La propuesta de mi papá me dejó súper contenta. Le levanté un pulgar y después me asomé en la fuente mirar de nuevo al caballo. Me imaginé a los pobres señores ingleses debatiendo por qué en Chile los caballos tenían cuernos.

Gabriel León

Mi papá nació en Santiago el siglo pasado, en 1975. Cuando niño era tan curioso como yo y por eso decidió ser científico, para lo que tuvo que estudiar muuuchos años. Es bioquímico, doctor en biología celular y molecular (o sea, no es doctor de esos que atienden en un hospital) y durante varios años trabajó en una universidad. Ahora se dedica a explicar la ciencia a todo el mundo: trabaja en una radio, escribe libros y más adelante quiere ser panadero y fotógrafo. Un loquillo.

Paula Balbontín

Es diseñadora gráfica e ilustradora. Nació en Santiago de Chile en medio de una familia numerosa que incentivaba la creatividad. Durante su infancia pasaba mañanas enteras persiguiendo a su mamá por toda la casa preguntándole qué podía dibujar. Hoy esa pasión por el dibujo la llevó ser la ilustradora oficial de la serie de libros sobre preguntas raras de los niños.

¿Por qué los perros mueven la cola? de Gabriel León
se terminó de imprimir en abril de 2021
en los talleres de
Impresora Tauro, S.A. de C.V.
Av. Año de Juárez 343, col. Granjas San Antonio,
Ciudad de México